gedichte

hiermit danke ich meinen kindern
norman, sina, sabine
und ihrem lebenspartner christian
meiner nichte iris, meiner schwester ina,
für euren rat, eure unterstützung, eure zeit
dirk für die eine oder andere inspiration
biggi für, na du weisst schon was, danke

die magischen drei

ohne euch wäre ich einsam
mit euch ist das leben schön
teilhaben an euren leben
bringt freude in meinem herzen
für immer und ewig
in liebe unvergessen schön

eure mom, ma, mama

gedichte
von margittaprehn

die feder

wie eine feder
im wind
trägt das leben
mich geschwind
hinweg über alle
hürden und bürden
bis ich glücklich bin

„herstellung und verlag: bod-books on demand, norderstedt"
urheberrechte margittaprehn @2013 margittaprehn
ISBN 9783732282821von BoD

inhaltsverzeichnis

- s.7 das buch
- s.8 die jahreszeiten
- s.9 herbstsorgen
- s.10 halloween
- s.11 winter im november
- s.12 die eisblume
- s.13 nikolaus oh lieber nikolaus
- s.14 der winter
- s.15 der tannenbaum
- s.16 unter der bettdecke
- s.17 frühling erwache
- s.18 ostern
- s.19 der osterhas
- s.20 ich hab geglaubt
- s.21 tränen
- s.22 kaltes herz
- s.23 das glück
- s.24 sommerregen
- s.25 schmetterlinge in meinem bauch
- s.26 unser erstes treffen
- s.27 nicht gewagt
- s.28 liebe
- s.29 der andere augenblick

s.30	glühwürmchen auf meinem weg
s.31	wenn die zeit uns glücklich macht
s.32	hände die sich finden
s.33	beim licht
s.34	mein herz entsetzt
s.35	der wind
s.36	der spiegel
s.37	der blaue planet
s.38	kreislauf des lebens
s.39	happy birthday teenager
s.40	frühstück in der bahn
s.41	montag dienstag mittwoch...
s.42	gruftie/goths
s.43	schön sein
s.44	und leben das neue alter
s.45	nicht nur dicke leben ungesund
s.46	wenn wir: -
s.47	die zeit bleibt steh'n
s.48	die zeit
s.49	der schmerz
s.50	dunkle gedanken
s.51	der wind trägt fort
s.52	wenn ich ein lebeskünstler wär
s.53	herausforderung

das buch

das buch was ich einst in meinen händen hielt
war nicht elektronisch
sein einband war aus pappe papier
einzigartig in seinem design

sein druck sehr präzise
buchstabe an buchstabe gereiht
unverkennbar schön das geräusch
erinnerungen an gelesene seiten

wissen niedergeschrieben für den einen moment
der uns trennt vom wirklichen leben
unsere sinne verführt und gestärkt
für vergangenes- und zukünftiges leben

die jahreszeiten

ich der frühling lasse oft
sehnsuchtsvoll auf mich warten
belohnen werde ich euch
mit schneeglöckchen und krokussen
in meinem garten

ich der sommer bin manchmal heiss
und wenn der frohsinn beisst
locke ich bunte kleider hervor
sie drehen sich im wind
und des nacht's der sommer verschwindt

ich der herbst wehe durch die blätter
springe von ast zu ast
und falle ich herunter
riechen meine blätter würzig fein
mein rot braun gelb laden zum spazieren ein

ich der winter bin zwar kalt
aber die kinder lieben mich bald
wenn erstmal der schnee erscheint
ist der schlitten nicht mehr weit
und was gefällt ist die jahreszeit

herbstsorgen

der herbst ist heimgekehrt
ich schaue in den himmel
die vögel sie fliegen fliegen
in scharren in den süden

ach könnt ich doch
mit ihnen fliegen so in den süden
ich brauche wärme brauche licht
einen weg wer braucht den nicht

jetzt könnt ich abstand nehmen vom leben
und im nächsten jahr
sind wir alle im frühling wieder da
und ganz ohne sorgen

halloween

draussen ist es dunkel
und die lichter gehen an
und es wird gemunkelt
die geister gehen von tür
zu tür

der kürbis lacht
nur eine nacht
hier ein lachen
da ein lachen
die kinder erwachen

die prinzessin der clown
wollen nur schauen
das böse und der schrecken
wollen wecken
die angst in uns

ob die schönen oder der schrecken
die nacht wird uns erwecken
süsses gibt's für die
die sich trau'n
1mal im jahr in ihr inneres zu schau'n

winter im november

ich stehe auf und schau hinaus:

- und alles alles ist weiss es ist winter
der totensonntag grad vorbei
die fenster geschmückt
für die vorweihnachtszeit

- gefroren ist das land
nun kann auch liegen der schnee
wir stapfen durch das weiss
und es rieselt rieselt schnee

- wir sind es nicht gewohnt
im tristen novembertag
und doch beglückt es unser herz
denn wir wissen der winter er ist schon da

die eisblume

wenn das eis das fenster schmückt
und das gebilde den menschen entzückt
dann ist es kalt und der winter kommt bald

hier eine blume da ein ganzer wald
wir sehnen uns nach geborgenheit
ein warmer ort ein warmes wort bescheidenheit

nikolaus oh nikolaus

du ziehst von haus zu haus
bringst süsses
für jungen und mädchen

geputzte stiefel
wohin man schaut
wartend auf die gaben

ich bin im bett
die stiefel zu meinen füssen
ich will nur eins
ihn sehen den nikolaus

die augen schwer
ich bin ganz sicher
heute überführe ich ihn

der morgen bricht an
oh schreck
wo sind meine stiefel
sie sind einfach weg

die enttäuschung wächst
kein süsses und barfuss
ich laufe zum gewohnten fleck

gefüllt meine stiefel
die freude ist gross
auf dich ist verlass
oh lieber nikolaus

der winter

es schneit es schneit
der winter trägt sein weisses kleid
hier ein schneemann da ein schneemann
rodelnde kinder wohin man schaut

endlich ist er heimgekehrt
der winter in seinem bizarren kleid
rote nasen die sich mir entgegen recken
und sich nicht mehr können verstecken

eisig kalt und doch so schön
schneeballschlacht jetzt kann es losgehen
der winter er ist da
und hoffentlich auch im nächsten jahr

der tannenbaum

als ich eintrat sah ich ihn
so gross so leuchtend schön
im raum sein duft
so wirkungsvoll und angenehm
wie jedes jahr betörend schön

in gedanken versunken
wie am ersten tag
als ich ihn wahrgenommen
ob er mir meinen wunsch erfüllt
ich kann nur hoffen

da liegen sie die gaben
ob sie erfüllt
mag ich nicht zu sagen
zu hoffen auf ein wiedersehn
ist meines wunsches bedarf zu heilig abend

unter der bettdecke

jeder liegt wie's ihm gefällt
der eine weich der andere hart
im winter warm im sommer kalt
ich kuschle mich in deinen arm

zugedeckt sind beide ohren
dein atem warm und angenehm
geschlossen die augen die reise beginnt
manchmal werden träume wahr

meine seele erwacht
vollkommen benommen
in die tiefe ziehend
mein körpergewicht

so möchte ich ewig bleiben
dein arm um mich
so warm so weich
so glücklich ich

frühling erwache

frühling erwache in deinem bunten kleid
hab gewartet die ganze zeit
hier eine amsel lockt mit ihrem gesang
sie kündet uns den frühling an

kommst auf leichten sohlen ganz sacht
hier ein blümchen dort ein blümchen
farbenpracht wohin man schaut
frühling erwache in deinem bunten kleid

weckst in mir die lebensgeister
so war es wohl gedacht
der wind er trotzt er bricht das eis
das leben erwacht im neuen geist

Ostern

wenn das ei von hand bemalt
osterhas und osterschaf
auf der wiese sitzend

dann ist ostern
und die kinder suchen lachend
alles was der has versteckt

nur der mund kann nicht verbergen
osterei osterhas osterschaf
schokolade zum schlecken

der osterhas

der osterhas
der osterhas
er hoppelt über's gras

hier ein versteck
da ein versteck
süsses was uns schmeckt

gar lustig ist es anzusehen
wie die kinder
bunte eier erspähen

ich hab geglaubt

ich hab geglaubt
nur du und ich
ein leben lang
ich hab geglaubt
das wir uns lieben

ich habe nicht geglaubt
das wir uns entfremden
nie und nimmer
hätt' ich gedacht
hätt' man's mir gesagt

ich glaubte
es bleibt immer so
so wie es angefangen
doch heute kann ich
glauben oder nicht

das ende es war fürchterlich
doch wo ein ende
da auch ein anfang
und so glaube ich
an die liebe und nicht an dich

tränen

tränen die versinken
immer wieder in's nicht
tränen die nicht heilen
weil sie traurig sind

augen die nicht sehen
weil sie blind im licht
augen die nicht trauen
weil die enttäuschung gewinnt

in tränen sich finden
macht wütend den Blick
wenn der schleier sich hebt
kommt die erkenntnis zurück

kaltes herz

kalt ist dein herz
kalt kälter am kältesten
sehnsucht die keiner mehr kennt
wozu auch

war naiv und hab geglaubt vertraut
zu spät hab ich gesehen und gehört
was du schon wusstest
und zu spät sagtest

ist liebe nur ein wort
mittel zum zweck
hast gestohlen meine besten jahre
kalt ist dein herz mein's jetzt auch

das glück

nur wenn man in sich selber ruht
wird alles gut
das glück strömt von allen seiten
ich kann es kaum begreifen

die menschen an meiner seite
sie lächeln mehr als sonst
ob sie jetzt fühlen
was ich empfinden kann

das glück es sollte ewig halten
damit der mensch nie vergisst
wie schön es ist
glücklich zu sein

Sommerregen

als ich ging spazieren
im schönsten sonnenschein
da klopften kleine tropfen
auf meine glieder fein

die sonne wollte spielen
ihr lichtstrahl mich sogleich fand
und so nahm ich jeden tropfen
dankbar an

ein wenig mehr für´s leben
werde ich spazieren geh'n
weil die tropfen klopfen
und der regen mich berührt

schmetterlinge in meinem bauch

ich lief so über eine sommerwiese
plötzlich stolperte ich über diese
da lag ich nun im blumenfeld
ein schmetterling mich fand

auf einmal kamen viele
und nun wurde es ein tanz
jetzt kann auch ich sie spüren
schmetterlinge in meinem bauch

unser erstes treffen

als wir uns trafen
liessen wir geschehen
wie besprochen
berühr mich
verführ mich
unser erster kuss
der entscheiden muss

und wie besprochen
die tür ist offen
kein wort
unsere lippen verliess
nur ein blick
und ein lachen zurück
das war unser glück

nicht gewagt

wir sind uns noch nie begegnet
und so wissen wir auch nicht
wann es regnet
jeder ist für sich allein

nicht gewagt
sich kennenzulernen
aber genau wissend
will ich nicht

weil gedanken eingefangen
nicht ausgelebt
bist du
bin ich befangen

lebe heute
hier und jetzt
fang den augenblick
nicht den schmerz

liebe

es war liebe auf den ersten blick
was uns innehalten liess
du berührtest mein herz
der zauber nahm was ihm gehört

nie zuvor hab ich gespürt
nie zuvor hab ich geliebt
nie zuvor gespürt den bann
der uns jetzt zusammen hielt

immer immer wieder
du und ich sonst nicht's
nur das leben trennt die liebe
einen augenblick des ungeschick's

der andere augenblick

augen die sich finden
im irrgarten der zeit
blicke die berühren
für die ewigkeit

das auge sieht
was im verborgenen liegt
sekunden die erstarren
gedanken die verharren

verharren erstarren
für immer dein
wenn wir uns finden
hier im sein

glühwürmchen auf meinem weg

ich ging in einem dunklen wald
doch ich spürte bald
das ich nicht alleine war
ich hatte angst und mir war kalt
der mond auf meinem wege schien
und als begleit es viele lichter schneit
auf meiner hand ein glühwürmchen sich fand
jetzt kam die lichtung mir entgegen
und so fand ich meinen weg für's leben

wenn die zeit uns glücklich macht

als alles begann
da haben wir uns verloren
später kamen wir uns entgegen
auf leichten sohlen

es war nicht
wie am ersten tag
doch es war
wie das erste mal

die zeit lief fort
und wir hielten fest
glück was spät
doch für immer lebt

hände die sich finden

wir liefen so nebenher
als plötzlich deine hand
den weg in die meine fand

aufeinmal war alles still
mein herz fing an zu schlagen
gedanken kamen zum tragen

laß mich niemals los
und so ließ ich geschehen
wie meine hand die deine fand

beim licht

du bist die treibende kraft
die mein herz entfacht
wir sind wie mond und sterne
ganz in der ferne

tage und nächte vergeh'n
nur wir versteh'n
einsam sind wir nicht
nur unglücklich

wenn du würdest wollen
könnten wir uns sehen
nur du und ich
ganz nah beim licht

mein herz entsetzt

in deiner welt
ist kein platz für mich
unsere treffen platzen
weil unwichtig ich

es tut mir leid
ich ruf dich an
muss helfen
erkläre später alles dann

aufeinmal ist alles klar
zeit ist für die anderen da
mein stolz verletzt
mein herz entsetzt

der wind

ich kann dich fühlen
du gehst durch mein haar
du spielst mit mir
es ist einfach wunderbar

du bist kalt
aber ich friere nicht
ich spüre dich
spürst du auch mich

ich würde gern mit dir zieh'n
doch du hast kein ziel
und so brauche ich
beständigkeit und nicht den wind

der spiegel

der spiegel der mich sehen kann
trügt nicht seine sinne
er zieht mich in seinem bann
lässt spielen meine blicke

mein ich mein du
in sich verschmelzt
lässt sagen
schau mich an

ich zeige dir was du nicht siehst
geschärft mein blick
jetzt bin ich befangen
da huscht ein lächeln über's gesicht

der blaue planet

ist die erde es wert
sollen wir bewahren
was man uns geschenkt
unendliche weiten
die unseren weg begleiten

die sonne wärmt
sie gibt uns licht
es ist tag das meer ist blau
der träumer träumt
das leben nicht

in der nacht der mond
sein schweigen bricht
er sieht was wir nicht sehen
ein netzwerk aus licht
ob es hält was es verspricht

kreislauf des leben's

kinder die dir nicht gehören
in freud und leid zur welt gebracht
aufgewacht für das neue leben

am schönsten ist die babyzeit
sie spiegeln was wir geben
die kinderzeit im flug verrint

das kind gestützt für's leben
gerüstet als mann oder frau
jetzt beginnt der kreislauf des leben's

happy birthday teenager

blödes alter sprach der teen
bin kein kind
und nicht erwachsen
einfach mittendrin

und am wochenende
steigt die fete
nur für mädel's
blosss...kene jung's

torte essen
schwimmen gehen
cola chips wii spielen
übernachten auf'm boden voll in

mädelsabend spät geworden
quatschen bis alles gesagt
morgens zum frühstück immer noch 13
warten auf das nächste jahr

frühstück in der bahn

lustig
ist es anzuseh'n
wenn sie trinken
ihren kaffee im steh'n

der kaffeepott
die hand umschlingt
das handy gezückt
der transfer beginnt

der reisende
es gelassen nimmt
solang er nicht
nach vorurteilen ringt

montag dienstag mittwoch …

montag ist ein nogo tag
dienstag hat dieda tag
mittwoch ist ein mitmach tag
donnerstag ist ein donner tag
freitag ist ein freier tag
sonnabend ein sonnen tag
sonntag ist ein na sowas tag

der gruftie/goths

die neuen geister
sie klingen und schellen
durch unsere reihen
sie sind froh
am leben zu sein
erinnern uns an das
was nicht soll sein
leben ohne leben
in unseren reihen

Schön sein

alt werden die anderen wir doch nicht
die jugend von heute
stehend vor dem spiegel
was sie sehen ist perfekt
nicht ungewöhnlich

botox hier ein bisschen da ein bisschen
hiess es nicht mal nervengift
keine falten keine schlupflieder
alles symmetrisch
heute und morgen

sie verewigen sich für wen
sie leben für den augenblick
die folgen schwer
das gesicht aus stein
lachen fällt schwer

und leben das neue alter

die alten werden alt und älter
sie tragen ihre jugend vor sich her
wir können sie kaum unterscheiden
graue haare weit gefehlt es lebe die farbe

sie gehen zum sport treffen freunde
organisieren sich sind gesellschaftlich
der alltägliche arztbesuch reine vorsorge
hilft wo garnicht's mehr geht

und die die es geschafft haben
reisen in ferne länder
sie kurieren sich zu hause aus
und leben das neue alter

nicht nur dicke leben ungesund

der mensch isst weil's ihm schmeckt
ob fast food fertiggerichte butter brot
in den regalen
halten sie monate den tod

es lebe die chemie
der geschmack verstärkt
konserviert das gro
schönsein ist alles farbtupf du

das fleisch so lecker das vieh resistent
antibiotika für alle geschmäcker
es lebe das federvieh der fisch das schwein
das rind die selbst gezüchtet sind

schnelles essen auch frisch
kommt auf den tisch
nicht nur dicke leben ungesund
auch der rest der welt

wenn wir: -

nicht der winter bringt die kälte
sondern unsere unvernunft
ach wie könnt das leben schön sein
wenn wir:

wenn wir: - nicht nur nehmen
stattdessen auch gerechter geben
wenn wir: - nicht ignorierten
gier und verantwortungslosigkeit

wenn wir: - macht nicht missbrauchten
sondern macht einsetzten in die notwendigkeit
jede macht hat auch die kraft
zu ändern was der einzeln nicht schafft

die zeit bleibt steh'n

die zeit bleibt steh'n
nur der augenblick
hat genommen
was wir einst bekommen
kinderglück freunde für's leben

regungslos
und fast benommen
kann nicht
wahrnehm was gescheh'n
komazeit und keine 50 jahr

die stille
so unerträglich
der fluss meiner nie endenden tränen
alles wahr oder doch nur…
ein traum

der boden
unter meinen füssen
wird weich und weicher
kann nicht fassen was gescheh'n
will vorwärts geh'n und bleib doch steh'n

trauer in meinem herzen
lässt den schmerz nicht untergeh'n
bilder aus vergangenen tagen
du und ich es war so schön
alles wahr die zeit bleibt steh'n

die zeit

die uhr bleibt steh'n
sie kann nicht mehr weitergeh'n
abgelaufen ist meine zeit
sei still ich will sie hören

vorbei die zeit die zeit
der freude und not
jetzt trifft mich die glückseeligkeit
die anderen nennen ihn den tod

der schmerz

schmerzen die ich nie gewollt
lassen mich erstarren
bin zu schwach
um mich zu wehren
kann sie nicht ertragen

alles leid auf dieser welt
bringt mich zum verzweifeln
ich bin hier ich bin jetzt
möchte leben
wie der rest der welt

gesunder mensch wacher verstand
helfende hände
glücklich bis ans lebensende
so möchte ich leben
so soll es sein

dunkle gedanken

der raum so dunkel
die gedanken so schwer
ach wär ich eine prinzessin
reich und unbeschwert

jeden tag etwas neues erleben
nicht blickend zurück
in mein gelebtes leben
gesprengte regeln der einsamkeit

veränderung tut gut nur mut
egal ob arm ob reich
die kerze brennt
der raum wird hell

der wind trägt fort

der wind fährt durch mein gesicht
und er trägt mich fort ins licht
für immer dort für immer fort

gedanken lass ich euch zurück
erinnerungen des glück's
ein kleines stück von diesem ort

jetzt sind wir gemeinsam einsam
aber der wind trägt fort
was er verspricht kummer und sorgen

wenn ich lebenskünstler wär

morgens wenn die amsel ruft
und sie mir ein ständchen bringt
dann bin ich frei
schlage meine augen auf
bin berührt vom sein
unsere welt hat viel zu geben
aber kann auch vieles nehmen
ändern könnt ich diese welt
wenn ich lebenskünstler wär

herausforderung

zu erkennen was wirklich schief läuft
in unserem leben
ist die grösste herausforderung
der wir uns stellen müssen
um im leben vorwärt's zu geh'n

                                                  margittaprehn

Dateiname: Word_Template_17_X_22_2012.doc
Verzeichnis: C:\Dokumente und Einstellungen\mom\Eigene Dateien
Vorlage: C:\Dokumente und Einstellungen\mom\Anwendungsdaten\Microsoft\Templates\Normal.dotm
Titel:
Thema:
Autor: Martin, Christopher
Stichwörter:
Kommentar:
Erstelldatum: 26.05.2012 10:18:00
Änderung Nummer: 62
Letztes Speicherdatum: 23.10.2013 12:56:00
Zuletzt gespeichert von: -
Letztes Druckdatum: 23.10.2013 12:56:00
Nach letztem vollständigen Druck
    Anzahl Seiten: 55
    Anzahl Wörter: 2.684 (ca.)
    Anzahl Zeichen: 16.912 (ca.)